PASOS EN SÍ MISMOS

Poemas 2006 – 2018

R. A. Martínez

A mis Hijos

A mis Padres

A mi hermana Lili

Esta es la primera vez que me atrevo a publicar mis poemas. Siempre he sido esquivo o tímido con ellos. Si he publicado otras obras, novelas y cuentos, durante muchos años en los que viví en otros sitios.

Es que en sus líneas, vuelco mis más recónditos procesos en los que se morigeran todas mis pasiones, todos mis anhelos y mis pesares. Allí se vierten mis asuntos cotidianos, mis más escondidos dolores, mis preguntas místicas y mis dudas sobrenaturales. Nada hay que escape a su zona magnética y puedo ver claramente como, desde su cromosfera, su substancia emite sus efectos sobre mi persona. Esta se ve así compensada en caricias. Las caricias que a un autor puede brindarle la visión de sus propias obras creadas: el reflejo de su personalidad sobre un espejo pero también sus desvelos y su trabajo de muchas horas de soliloquio e introspección. Si he querido publicarlos esta vez, ha sido a causa de que su energía, de vieja data en cuanto a la presión que ejercen sobre mi psiquis, ha venido implosionando hasta estos días y es tal en la actualidad que no puedo menos que dejarla efervescer. Toda esa explosión que implica su publicación. No hay otra causa. Es simple física.

Más allá de cada cielo

Actos que no se han de explicar

aunque no se han de comprender.

El cielo que no es el cielo, o ese

sol que no me atrevo a mirar,

un río fluye por las venas

y la libertad no es correr;

pero es un nuevo amanecer.

No se trata de sustentar

Lo que se nos fuerza a creer.

Se trata en cambio de llegar

Más allá de cada frágil cielo

para expresar sin miedo aquello

que no habiéndonos sido dado

abarque nuestro entender.

La Luciérnaga

A ti que me has observado apenas,

Que apenas has girado la cabeza, a veces;

Que has desviado la mirada alguna vez

Hacia la infinita oscuridad

Para dejarte sorprender

Por una luz, apenas…

Perceptible; apenas…

Yo, que desde la inmensa oscuridad;

Desde la inmensa obscenidad;

Desde la noche del jardín poblado

De prospectos, de seres nostálgicos;

De seres hundidos en la densidad,

Te digo que voy a estar ausente

Por un tiempo: no sé cuánto,

Estaré librando mis batallas,

Deambulando por la noche,

Recordando ausentes tus miradas

Amigas en fugaz espacio

Que posaron en mi mundo

Y en mi luz errática.

Nosotros, las luciérnagas

Somos seres

Escondidos en la noche

Y que apenas dejan verse

Así, de a ratos

Desde el más profundo

Y desgarrador misterio

De la penumbra densa.

Febrero de 2012

Introspección

Hoy es casi ayer,

ayer es todo lo que queda del mañana;

sé que deberé aprender

a que el pasado muere cada madrugada,

a que el momento es hoy

y que el presente es parte de la nada;

a que el pretérito siempre fue imperfecto

y que el futuro es un ayer en mi cansada espalda.

Octubre de 2014

Proceso de la Nada

¿Pude evitar este proceso?

¿Pude prevenir la aurora y refrenar la nueva
alba?

Dejar correr los días, pudo ser la única
esperanza;

rendir el agua entre los dedos, una estupidez

y retener cada reloj, un desatino a ultranza.

Después de todo cada vez que miro lejos:

cada vez que miro en lontananza

sólo puedo ver ocasos como cielos muertos:
abatidos

por imperdonables soles caídos en cascada

y cófilas de bueyes, mugiendo en alabanzas

pretendiendo detener la nada.

Octubre de 2014

El Cielo Tantas Veces Prometido

Si amar es emerger al día,

si es amanecer de haber sufrido;

si es el resarcirse del pasado

o despertar en ese vuelo

tantas veces prometido;

si amar es capturar

la luz a un sol dichoso y encendido

para guardarla dentro de una vida:

si es renacer o es revivir,

entonces desperté una vez

y al despertar la dicha he conocido

y me he sentido desquitado

del sufrimiento y del desvelo.

Pero debo decir que atardecido

he visto así pasar

la luz del cielo prometido

y luego de un minuto retenida

he visto escabullir la vida.

Agosto de 2013

Existencia

En un paisaje sin sentido ni futuro,

mi existencia se recuesta a entender su
esencia.

No encuentra paz la vida misma

que vivida en manicomio, ruge por las noches

de soledad y de tormento.

Ahora, recostada sobre el césped blando

que ofrece una tregua, mi vanidad,

mis amarguras, mis principios y mis
onom□sticos

descansan contemplando el horizonte

con mirada ausente.

Yo regresaré sobre mis pasos

tratando de emular lo que ya he hecho;

tratando de volver a revivir

los mismos tramos en los que el tormento

eran la lógica manera diaria

de convencerme de estar vivo.

Aún así, no puedo menos

qué preguntar qué parte es la más viva

de toda mi existencia.

Septiembre de 2012

Sueño de niño blanco

Un niño cerró los ojos,

su sueño se hizo profundo

cuando recorría el mundo

en busca de un sueño ajeno

y se quedó dormidito

quieto, frío y palidito

soñando que un mundo nuevo

salía de su canasto

en un rincón del Abasto.

Lo llevaron a una cama:

metálica, blanca, dura

y cubrieron su blancura

con una sábana blanca.

A la mañana siguiente

cuando despuntaba el alba

iba soñando su alma

algún corazón latente

para continuar soñando

su sueño de niño blanco.

Marzo de 2013

El cansancio

Otra vez nos vemos,

Y me aguardas

Al costado del camino

Como aquel amigo fiel

Que se alegra

Y a lo lejos

Espera a que te acerques.

Volvemos a hablar de empeños,

De ilusiones muertas,

De mis hijos que han crecido,

De mis versos

Y hasta de mis sueños…

Pocas veces me has faltado,

Viejo amigo:

Pocas veces.

Enero de 2008

Abreación

A veces, te preguntas qué

sucedió con tu vida.

La tenías servida en un plato, exquisita

para tu sustento y tu mente

y de repente se hizo un enredo

que ni tú ni nadie osa comprender…

A veces, te preguntas: en qué punto

cambió todo el rumbo, en qué puerto

perdiste el sentido, el amor por la vida,

el dolor te hizo ajeno a ese don de llevarte

como en un carrusel por el mundo y pasaste

de integrar el giro en ese juego lisonjero

a llevar tu propio naufragio extraño al
movimiento;

de vivir en una anécdota clara y latente

a recrear un calvario sin tiempo ni espacio,

sin sentido apenas, ni virtud, ni logro:

un completo anatema vivido en un limbo,

un auténtico rol de segunda en sainete,

una pesadilla que no tiene trópicos

y te jala consigo arrastrándote al fondo.

No es tan clara la senda que lleva a los
triunfos…

está llena de atajos que pierden a los
caminantes

tuviste tu oportunidad y la dejaste allí,

sobre las rocas, junto al mar y la ventisca

se llevó todo el honor que supiste recoger,

toda la dicha: y el destino te arrostró del piélago

ese salobre olor a las profundidades abisales.

Si has querido pernoctar en este asunto

fue porque el tiempo te dotó de seres adorados

a un costado, como recompensa: y no has querido

enseñarles tus manos vacías, tu frente sin orlas,

tu virtud de males y de zarzas frías…

No te mientas más, hombrecito inútil,

sigue tu camino hasta que completes

tu horario de trabajo amargo.

Nada hay que mitigue el dolor de una hueste.

Al comandante en jefe, sólo le interesa

su guerra, tú eres integrante, apenas

de la soldadesca.

Abril de 2014

Agricultor

"Cardo ni ortiga cultivo"

Amigos, diré mejor

—Se hace preciso aclarar;

y así, me he de presentar—,

soy un pobre agricultor,

Un hombre pobre, señor

no supe tomar del trigo

más que el color

y sin embargo cultivo.

Sé cultivar el amor

y aunque crezca como paja

esa otra pasión tan baja,

suelo ralear al rencor:

Yo le deseo lo mejor

al reo, al canalla, al malhechor,

también al sicario, al que traiciona,

al que destruye, al que abandona;

y le deseo el bien, a decir verdad

a aquel que me ha hecho mal

y con hipócrita ruindad

me augura felicidad.

Noviembre de 2014

R. A. Martínez

Ruidosa Buenos Aires

Yo habité tu mundo de sonoros tangos,

y descubrí tu patria de coloquios y rencillas,

entre tus calles escondidas, empedradas de recuerdos,

entre tus calles y avenidas amplias

como canales de esperanzas, y nostalgias,

como ríos de caudales turbulentos

de las decepciones, sinsabores y amarguras:

yo dejé escurrir mi vida alguna vez

y me escondí en el orbe de tu regocijo;

y me dormí al susurro de tu tráfico infinito;

o me encogí en tu mundo de contrasentidos

para morir, después de la crisálida viril

que fui una vez, y renacer como un extraño
insecto

de los millones que hay diseminados por el
mundo

que te quieren, rememoran, que te añoran,

y recuerdan tu universo de virtudes altas

y salarios bajos.

Tus anécdotas vividas en cafés fumosos;

sobre un adoquinado austero;

o en los interiores de salones húmedos,

o de dormitorios intensísimos:

tus anécdotas sufridas en tabernas
embriagadas

y soñadas en lejanos y europeos

cafés de la nostalgia,

no me bastaron para recrear un tango

que en las imágenes de mi musical reencuentro

con vos, vívido en mi cerebro

te recuerde como un cosquilleo,

pero te encuentre como un gran dolor.

Yo no me resigno a perderte por completo,

como te perdió el político,

el corrupto sibarita,

el alcohólico bucólico que deja

recorrer su sangre por el sedativo olvido,

el adicto, el delincuente o alguna de las fieras

incondescendientes de tu tétrico zoológico

ilógico y zoófago:

yo no quiero m□s estatuas en mi coraz□n

esas que se convirtieron

en piedra para siempre

en una Sodoma tan bonita,

empedrada y besada, prolongadamente

por el mar, el muerto mar

de la inconsciencia.

(De mi Cuento: "Desde lo Incierto")

Amar a copas llenas

El amor es un sentimiento profundo

va más allá de las fronteras

y llega lejos donde ya no conocemos.

Amar puede que comience en este mundo;

pero sus distancias verdaderas,

 cruzan más allá de aquello que creemos.

No se permite amar a vegetales,

tampoco a piedras yertas,

a fantasmas o a cosas triviales.

Amar está admitido sólo en esa casa

en la que están de par en par todas las
puertas;

a todo credo, a todo corazón, a toda raza.

Si ama el hombre con pasión angelical

*y llega a amar con un amor que asciende al
cielo*

*podemos, pues decir que el sentimiento es
celestial*

y lleva a la vista de dios y desde el suelo:

no se ama sólo un día en el camino

el amor no roza emociones tan mezquinas.

No se ama sólo un día en la distancia

se ama para siempre y por completo;

se ama con valor y con respeto

porque amar a alguien es volcar, en toda instancia

el alma en otra copa y esperar la muestra

de que el otro con su amor llene la nuestra.

Septiembre de 2014

Aplastado contra el suelo

Aprendí muchas cosas.

Aprendí a creer y luego a no creer ya nunca

pero un día lo olvidé: y continué creyendo.

Aprendí a dudar de que yo fuera el héroe de
mi película,

a competir con la vida a ver quién llegaba
más de prisa;

aprendí que el mundo es indiferente y
cambia

de humor cada mañana, mientras tienes un
plan

y te derrama el tiempo sobre el cuerpo sin
que te lo esperes.

Aprendí más cosas.

Tal vez, debí creer un poco más en mis
instintos,

o tal vez no, tal vez, morí allí mismo el día
en que nací;

pero muchas cosas sucedieron en el hall en
que esperaba:

hoy, mirando de repente hacia la gente, me
descubro ausente

de ese plan que lleva el mundo conocido y
que otros llaman

vida. Sólo soy algún espectro que no
encuentro ni yo mismo

porque no me veo en una tumba, bajo tierra y
en estado

de putrefacción, aún: lo más irónico es que
sigo con la lucha

como aquellas lagartijas que se contorsionan, inclusive

cuando la aplastaron contra el suelo.

Deberé aprender a vivir solo, ya no soy un tigre con sus manchas;

ya no tengo ese velamen altanero que llevara por las aguas

cuando el tiempo era mi meta y el norte era el destino.

Deberé aprender a convivir con la maldita soledad

para poder sobrevivir un poco más y no dejar el brazo

para que me lo tuerzan y lo arranquen.

Nada más, si aguanto un poco, en unos pocos años

nadie ya se acordará de que pasé por este
mundo

y yo continuaré mi viaje sin mirar atrás a este
planeta

azul, frío y desolado al que una vez, llegué
llorando.

Mayo de 2014

Nada es Eterno

Si existe una cosa que yo tengo clara

esa es pues que en este mundo, nada

es para siempre.

Los muros de la antigua Babilonia,

las batallas de los grandes estrategas,

las hazañas de los píos

y las de los más bastardos,

esas que acabaron con millares

de almas, las más sólidas edades:

de la piedra hasta el platino;

todas han caído alguna vez;

en una noche es extinguió Pompeya

y la muralla del oprobio

sucumbió deshecha.

Nada tiene tanta vida que no caiga

donde van cayendo los ocasos de continuo,

y parten para siempre las desdichas

de los hombres, sus más célebres hallazgos

sus miserias y sus veleidades;

los más altos sentimientos y las

más sórdidas bajezas, todo calla

al final del tiempo que nunca descansa.

Aquel que fuera

Se arrimó el cuello de su abrigo

y sepultó la colilla tranquilizadora,

tramposa e insostenible

bajo su zapato.

Esperó el 95 con su amigo ocasional;

ese que después lo traicionara

descaradamente.

Y se fueron a brindar a un viejo bar

de esos porteños, confundidos en el mapa espurio

de la ciudad enmarañada

de cenizas, tangos, desengaños y cafés…

Estaba abierto aún el viejo cafetín

cuando salieron: el otro

plet□rico de brindis con ginebra

y él… □l s□lo con café.

Hab□a nacido su hijo: el primero.

La noche cabalgaba at□nita por Buenos Aires.

La ma□ana apenas se les desnudaba
perfumada

y demudaba en un amanecer muy p□lido.

Un grito nuevo vino al mundo entonces

y un an□nimo muchacho, acompa□ado

de un extra□o festejaba

el nacimiento de un peque□o sentimiento
grande.

Ese era yo, all□ en el tiempo

hace muchas madrugadas, tantas

que contarlas costaría recuerdos

y muchas lágrimas. Al fin y al cabo

lo importante fue que un suspiro muy
pequeño;

casi como un mito o

como una ensoñación naciera

aquella noche que tanguera

lo meció en su cuna improvisada

de algún hospital materno.

Nunca más he vuelto a ver a aquel
muchacho,

pensativo, ensimismado y deambulante

que brindara con café

una noche de invierno y con

un acontecimiento tan importante

en la vida de un hombre:

hace una eternidad de un puñado de años;

cuando vos naciste, Fede.

Junio de 2011

¡Al fin solos!

Soledad, abre tus brazos;

aquí me tienes, ¡solos al fin!,

dame tu abrazo sombrío y nos amemos

porque nos tenemos a nosotros

en vista de que el resto:

está de espaldas.

Soledad, cierra mis ojos,

besa mis labios, acaricia

mi existencia mientras miro

por esa ventana a esa noche

que no pasa nunca…

En otras palabras,

aférrate a mi noche

porque eres

eso Único que tengo…

Diciembre de 2012

Ave en Vuelo

No quiero revivir el cielo en el infierno,

no me bañaré de nuevo en ese río de los
sentimientos.

Si alguna vez amé, fue a esa calandria que
cantaba en la mañana.

Si ya voló, no puedo ir tras ella; ¡qué
quedaba!

Pero guardé su canto, su virtud de cielo, su
mesías

de felicidad alada, de ilusiones y de
remembranzas

prodigado en los afectos, sus caricias y hasta
la mirada

que una vez significaba el alba. Ya no volveré
a buscar el río,

ni intentaré vivir de nuevo la nostalgia.

¡Ahora voy a abrir mis venas, dejaré escapar el alma!

¡Voy a dejar correr el cauce que me quema

hasta que muera en la vejez de mansas aguas!

conservaré el sabor de sus encantos como avaro su tesoro,

relameré mi herida cada noche, ebrio de añoranzas

y brindaré por su felicidad, que si la mía nunca vuela,

al menos una de las dos se salva.

Mayo de 2014

Bosque Encantado

Me pregunto para qué la inteligencia, mi
capacidad

todo eso que me hace comprender cuánta
grandeza

y en cambio, no ser capaz de dar sentido a mi
existencia.

Ojalá hubiera servido para darme el
alimento, —y a mis hijos—;

para calmar las aguas de tanta tormenta, para
detener

la marcha del ser que quise tanto:

o al menos, para desprenderme de la soledad
en este llano…

Una vez, soñaba con un mundo entero en el
que la pena

no existía, mientras me iba internando en
este bosque

donde me rodeo de maleza conocida:

el dolor, la soledad, el abandono, la
tribulación…

La vida.

2013

Canción del infinito

Corpúsculo del universo en tierra,

viajero incansable en busca de un destino

nunca revelado; portador de la especie

que la esencia misma preserva con esmero y
displicencia:

materia vil, pero preciosa de la inmensidad de
estrellas:

quiero volver allá, a mi comienzo, a mi cauce

donde mi cabeza sea reposada sobre la suave
almohada

que ofrece el infinito: sin resolución

 en carne, en sangre, en huesos, mi señor.

Canción

Amor, amor de un día, amor

De sombras y de terciopelo,

Amor ¡ay! de mi vida, amor

De llantos y pañuelo,

Amor de infante,

Amor de estudiante,

amor, amor, amor, amor;

amor alegre y mágico;

amor desgarrador

amor de estandarte,

amor sin arte ni parte,

amor de decepciones y dolor,

de final luctuoso y trágico

amor, amor, amor, amor:

amor que me marcó la vida,

amor de duelo y despedidas.

Diciembre de 2014

Cansancio Existencial

La caída perfecta del color de sus cabellos

*Como un "pase de dance" elegante y gentil
sobre sus hombros,*

El dulzor exquisito que confiere a su mirada

*Una intención o una celebración, acaso una
humorada…*

*Esa armonía efímera de la sonrisa abierta
sobre sus comisuras,*

*Su voz en la añoranza, apenas esbozada en mi
cabeza…*

*El diseño perfecto de su brazo, reposado sobre
aquel sillón,*

*La calidez del beso, su frescura y su humedad
exacta*

Y ese encuentro táctil; simple y sublime,

Apenas percibido a diario en cada acto de besar…

El abrazo tenue de su mano fresca cuando caminamos,

Y la comunión exquisita y subliminal de nuestros cuerpos,

Unidos en un acto celestial y al mismo tiempo

Preponderantemente terrenal…

Cuántas cosas puedo recordar de ella hoy sin entregarme

A un cansancio físico y mental, también anímico

Donde ya no importa nada más; ni siquiera la existencia

O el color del alba de mañana cuando el mundo

Amenace amanecer.

Marzo de 2014

Cielo

Del coche nos bajamos, ella y yo.

Los aromas de los pinos nos besaron

el cerebro y de la brisa

aquella calidez sin tiempo

halagó nuestro sentido protopático.

Nos besamos largamente

y allí bajo la falda

de la ya penumbrosa montaña,

Málaga se recostaba luminosa,

bella y deseable, desnuda y enjoyada

como una mujer de espaldas.

Estaba aprendiendo a amarla,

amarla con el alma y con empeño,

amarla con el corazón y con denuedo

amarla como a diosa del eterno

cielo, amarla como a un Cielo.

Ella, ella era mi propio Cielo.

Abril de 2018

Corazón Helado

Estaba ciego

y no veía que lo estaba…

Ciego se está cuando vas detrás de un sueño;

un imposible

y no lo encuentras

hasta que te has caído en el abismo.

Estaba sordo

y no escuchaba ni mis voces…

el corazón estaba farfullando en el empeño

de un amor risible,

en resumidas cuentas:

estaba yo en un diálogo conmigo mismo.

Estaba muerto

y no sabía bien la diferencia

entre el amor, la entrega y el dolor.

Ahora que conozco

cuál es el alcance de los sentimientos

quisiera estar borrado.

Porque no se reconoce al tuerto

por su mirada doble y la inclemencia,

no se visualiza por la entrega en el amor.

Ahora la conozco.

Ella es incapaz de generar un sentimiento

en ese helado corazón.

Diciembre de

2014

Cuadros negros, cuadros blancos

Sin cielo ni profundidades tenebrosas,

sólo un sinfín de rectángulos negros

y un constante salto de cuadro en cuadro:

un ajedrez infinito, en el cual yo soy

una pieza más, sin mayores atributos,

sin ventajas ni prebendas; sin mayores males:

sólo los justos.

Entonces, puedo notar al mirar dónde piso

y dónde dejo de pisar;

cuáles son las alegrías

y cuáles cuadros negros.

Hoy corresponde un cuadro blanco,

mañana llegará el momento de uno de los

cuadros negros,

el desasosiego y el dolor.

Desde afuera de la escena, quien mirara

sólo vería un tablero

con reyes, alfiles, caballos

y peones: negros o blancos.

Noviembre de 2010

Ella y el fuego

La aurora dulce

Del más dulce atardecer,

esa suave brisa

que envolvía mis congojas

y contenía mi ser

el cielo azul de sus ojos

castaños, como el otoño,

besos de sueños rojos,

ósculos de efectos lentos

con la inmensidad de mares,

como soles somnolientos,

como la dicha de un sueño

soñado de niño a viejo,

ese amor que se despliega

sobre el vil cauce guijeño

sobre ruinas de un infierno

y recompone la entraña

de un despedazado perro,

ese candor del alba

del combatiente de hierro

del trémulo fulgor de enero

del tamborilear del cierzo

eso era ella, y el fuego…

eso era ella, y el fuego…

En el lado gris

Gris, gris, gris… todo es gris en este lado del planeta,

en este infierno del invierno, en este

paisaje deprimente de mi mente,

la gama de los tonos, se apodera de las cosas

como asfixiante variedad de mohos

que lamen con su vanidad de herrumbre,

hollín, carbón y tinta china todo lo que existe;

la calle desusada, la arboleda entremezclada,

una llovizna al tono con su lúgubre tristeza:

todo muerde con su plúmbeo óxido de oxímoron

lo que toca, como una manga de langostas incoloras

desteñidas con el cloro de la tarde.

Cuando camino por el parque verde gris, el fieltro

de la hierba, la mansa muchedumbre de sus árboles

saluda mi sazón se sufrimiento con honores.

–"¡Eres uno de los nuestros, eres uno de los nuestros!"

me recuerdan–, sólo que yo ando

llevando mi infelicidad, a donde vaya

y ellos se la beben de las charcas

de tinta china, aluminio y argamasa.

Abril de 2013

El Frescor de tu Sonrisa

Déjame beber tus sueños

y en el frescor de tu sonrisa

refrescar mis sienes…

Déjame encontrar el cielo

en el abrazo fraternal

en que me acunas,

o renacer como un caballo

inalcanzable de ínfulas viriles

por haber bebido en tus fogosas aguas…

Déjame romper el trémulo

temblor de mis tribulaciones

y encontrar en tus palabras la razón

que necesito para caminar

un día más por el sendero.

Quiero seguir danzando locamente

en ese bienhechor

abrazo inagotable de tu voz

y renacer cada minuto que te beso

para morir un poco ante tu encanto

y perpetuar mi nombre

describiendo tu sonrisa.

Abril del 2011

A Gema

Logogrifo

Yo ya no estoy, ya no soy

donde habito ya no vivo

y vivo donde no habito.

Un hábito en mí es vivir

hoy por hoy en donde he muerto

y donde vivo mi muerte

me muero por vivir nuevo.

Mal haga aquello que… haga

y aquella Málaga marca.

Buscaba echar mi raíz

viviendo mi vida estanca

y eché raíces en nada

para mi infelicidad.

Donde habito ya ni vivo;

Y donde no habito vivo

ya estoy muerto, pero sigo

allí donde fui feliz.

Palabras para ella

Como niño medroso e inocente

mi corazón late aceleradamente.

No tengo un corazón acostumbrado

a sonreír con lo que tú me das.

Es más, si mi pasado se ha dormido

ya se lo debo al cambio que has obrado

en poco tiempo en mi interior herido.

Voy a proponerte esto: de aquí en más:

busquemos la felicidad de a dos,

te doy mi corazón a cambio, un niño

asustadizo que ha vivido todo:

dolor, indiferencia y hasta olvido

y ha sido revolcado por el lodo;

así lo educas y le das cariño

y yo sabré curar lo que has sufrido

en un cielo de ternura y sin adiós.

Julio de 2018

A L.

Como se trasluce el lino sobre el agua

Te amo,

y mi amor por ti, llega en mareas

como oleaje manso abraza playas

o el viento pastizales bambolea.

Te amo,

y en tu piel anidan flores y al tocarlas

alegres, volando me envuelven

y me invitan a besarlas.

Te amo,

y mi amor te embebe entera

para que tu amor se vuelva transparente

como se trasluce el lino sobre el agua:

como si mi amor lo poseyera.

Quiero hacer de ti soles en las madrugadas,

quiero llenarte de ofrendas y obsequios

como las estrellas en la noche prodigadas,

y quiero regalar colores a tu alma

como los que el diurno cielo

le regala al mar en calma.

Mi amor se cuela por tus venas,

te atraviesa por el cuerpo

para derrotar tus penas

y te sostiene en libertad y en paz

suspensa de mis sentimientos

en una danza sin compás.

Mi amor te sigue, oscuro y descuidado,

mientras andas, siempre tras de ti

y a toda cosa que te asiste va amoldado

como una sombra a tus pies y en sorda
sumisión.

Yo quiero para amarte, vida

despintarte todos los eneros

y cubrirlos totalmente en brotes tiernos,

bañados de la primavera por entero,

llenar a julio de pimpollos, tintos

y abolir del calendario tus inviernos.

Quiero ser tu altar, tu pasatiempo;

alegrarte el alma y conservar ese secreto

que compartes con mi interno fuero

para que vivamos siempre in tempo

de vals esta aventura de saber que me amas

y de poderte demostrar cuánto te quiero.

Marzo de 2018

A L.

El Gran Acuerdo

Fuimos a su habitación. Yo estaba ebrio

Ella quiso besarme antes, y yo

Metí mi mano en su entrepierna

Desabroché sus besos y ella mis barreras

Desnudos en la cama nos tendimos como
selvas

¡Qué festín de peces y de piernas!;

¡Qué incitación al tacto y la lujuria!;

Ahora teníamos un gran acuerdo

Ella y yo acabábamos de rubricarlo.

Bebimos nuestro vino mirándonos los ojos

A ver qué más podíamos sacar en limpio

¡O completamente sucio, qué más daba!

Mayo de 2014

El Regreso

Los Últimos montes, a nuestras espaldas,

la tierra mojada ya no huele a hogar,

vamos desandando el camino amargo

que un día debimos todos transitar.

Vivimos, crecimos, hollamos, callamos

cuando muchos otros, allá en la distancia

— no puede evitarse; recordando vamos—

nos dieron su tierra, nos dieron sus aguas…

nos dieron lecciones, caminos, sudores,

verdades amargas, dulces sinsabores.

atrás los caminos se vuelven recuerdos,

—una vez quisimos ser parte del suelo

del que hoy partimos—, sombríos motivos

nos llevan tan lejos, otra vez al vuelo;

otra vez el viejo rumor de aleteo

volviendo al proceso, —aún estamos vivos—.

Muchos de nosotros, siempre añoraremos

 los hijos que un día trajimos en manos

soñando los sueños de mundos lejanos

y hoy nos despidieron con ojos mojados.

Vinimos, nos vamos, qué más da: si importa

es sólo a nosotros, los mismos viajantes

esos que desprecian los que atrás quedaron

y que con soberbia llaman inmigrantes.

Mayo de 2014

Farewell a una madrecita durmiente

A mi Tía Rita, Q.E.P.D.

Atentamente, con respeto formidable

hacia los demás, las cosas, los asuntos

que competen a terceros.

Una personalidad tan noble,

tan única e inconfundible;

tan suya…

No afectaron su alegría ni su manera de ser

ni las contrariedades ni las penas

ni los tratos, nunca los mejores tratos,

Mi Señor, no, nunca;

nunca los que mereciera.

Entonces y contrario a lo que se

podría suponer

ella por toda respuesta tenía una sonrisa

y una palabra amable…

Qué injusta la existencia, pues,

qué injusta… la

Existencia…

siempre ofreció bondad,

siempre entregó lo bueno y siempre

recibió todo lo malo,

malos modales,

los pesares, la tristeza, la relegación

y la locura senil, como si…

como si todo eso fuese

todavía poco.

Juro que nunca hubo nadie

que se mereciera menos

ese trato, mi Señor;

nunca nadie: nunca, mi Señor;

tu trato, mi Señor,

tu trato: nunca,

nunca, nunca.

*Martes 31 de mayo de 2011, Al día siguiente
de su deceso.*

Farewell

Adiós. Esta es la separación, amiga mía.

Después de esto los caminos, se habrán separado

Fue bueno el conocernos, mejor aún haber tenido

Un secreto entre los dedos

Frente al mundo que nos ignoraba.

Fue bonito echar a todos

El estandarte que nos proclamaba como únicos

En un universo infame, ¡qué congoja

Saber que ya no contaré con tu mirada

Aliada! y qué desgracia el comprender que pierdo

*Tu palabra amada. Ya no sabré creer en nadie
más,*

*—No te detengas, sigue el trazo que has
buscado—*

Después de todo es uno quien elige

Y la vida la que acata; no nos moriremos

*Sin antes ver el uno cómo siguió el camino el
otro:*

La comparsa que nos lleva es una cófila

*Que tira de nuestros destinos, paciendo y
ramoneando*

*Donde todos comen. Tú y yo hicimos la
estirpe*

De lo que se nutre de su sueño, soñamos cosas

Que no pudieron concretarse, ¡pero mira!:

El sol ya se desprende de la noche, acaso

Allí en el otro cielo un dios custodie tu

alegría

Y tal vez, en este mundo algo

Me compense con la muerte.

Mayo de 2014

La Desdicha Tan Buscada

Y qué se puede decir de la desdicha

si abriga el alma y la convierte en hija.

No se puede dormir bajo este cielo

abierto al sentimiento y a las inclemencias,

sin ser la presa de la desventura humana.

Soy el que ahuyenta su desgracia y la
prohíja:

dueño y juguete de sus exigencias,

desprecio tanta soledad, también la anhelo:

la detesto de la forma más rayana

por haber perdido la persona amada.

Luego la busco en cambio con desgano

por no esperar la persona indicada.

Noviembre de 2014

La Gota de Agua

> F. Chopin. Preludio in Re Mayor,

> Óp. 28, No. 15. "La Gota de agua"

En pesaroso amanecer: las aguas

grises del estanque aquel que reflejara

el gélido cadáver de la niña

que una vez saltara con felicidad la comba.

Sus ojos muy abiertos, su mirada errante,

su expresión ausente y su cabello airoso,

todo se esfumó en el humo

húmedo y espeso de la niebla gris.

Entonces una gota de rocío contenida

en una rama melancólica y enjuta;

arqueada y compungida, recreó con un

sonido

ya final la vida de mi madre adormecida,

y se perdió en el lodo para siempre

sin dejar una constancia

de la historia de una niña que jugara

muy feliz… en un minuto de su vida.

Mientras veía toda su existencia,

—apenas recordada

por un puñado reducido de personas—,

pasar inacabablemente ante mis ojos,

yo me empeñé en silencio en recordar

lo que ya nunca más recordaría nadie

de una vida que sirvió a unos hijos,

a un puñado reducido de personas

y para siempre se extinguió

con credos y plegarias.

El camposanto –inundado— rezumaba a
vida.

La lluvia no cesaba de caer como una seda.

Yo me esfumé como mi madre entre la niebla

de una mañana adormecida y fría

y el recuerdo de una imagen, de su rictus

quedaría retenido en mi cerebro para
siempre.

Mayo de 2011

A mi madre,

Q.E.P.D.

Las cenizas del banquete

Tal vez no aporte nada yo a tu vida

tal vez, no aporte nada. Sólo la calma

pero enajenada del reloj que no me espera,

o acaso aún te aguarde con mis flores

a un costado del camino, allá a lo lejos…

Acaso tu avidez de besos y caricias

se durmió hace tiempo como un niño

que conserva su belleza blanca y no respira.

Tal vez el ángel que habitaba en mí

mudó en demonio, el ruiseñor en cuervo

o desfalleció aquel príncipe

en una rana, como alguien sugiriera.

Pero por sobre todas las cosas,

contra todo pronóstico

y de cualquier manera

esa rosa que llevas en el pelo y huelo,

esa danza fascinante e insinuadora

en tus caderas, esa fruición de besos

que veo sólo yo en tu piel enardecida,

y el mensaje de tus ojos que resueltos

me encierran en tus pensamientos

para regalarme vida, todo eso

está diciendo a las claras que remueva

las cenizas del banquete

porque nadie más será invitado:

nadie más que tú, mi vida.

Diciembre de 2013

R. A. Martínez

Lo que compartimos

Quiero beber

el nuevo amanecer contigo

y recorrer

esas calles que juntos recorrimos.

Cómo decir

qué poco tiempo el que he vivido

si por vivir

entiendo: "lo que hoy compartimos".

No mires nunca atrás

yo te lo pido:

que el tiempo que se irá

no sea aquel vivido,

pero siempre vayamos

te propongo amiga

caminando, a donde vamos,

saboreando nuestra vida:

que la vida que juntos pasamos

es más valiosa

que el camino que dejamos

con juventud ominosa.

No te alejes de mi mano

que sueña con tu piel

se mi aliada fiel

que soy tu fiel esclavo,

porque crucé los mares conminado

por un mandato del alma

y la vida me ha llevado

a los brazos de tu calma.

A Gema   *Octubre de 2009*

Frutos del Árbol

Los últimos diez, tuvieron menos sabor
amargo;

los anteriores cinco, la amargura era
insoportable.

Los treinta que les precedieron, el dolor no
me dejaba ver.

De ahí para atrás, los cincuenta primeros

juré odiarla por tora la eternidad:

desde que supe que murió sin regresar a casa.

Antes de eso yo juraba perdonarla

y previo ya la despreciaba

por cobarde, por inhumana y banal.

Hoy ya no cuento los años en millones,

sólo cifras decimales. Seguiré

camino de la eternidad.

Octubre de 2014

Maquinación

Todo es mentira; todo es vil mentira.

Lo es la ensoñación

Y lo es también la vida,

mentira es esa historia que crea la inocente,

criatura y su progenie; fementida,

el mundo es vil mentira: y su prosecución

es la prueba viva de que existe le intención

de una esencia invisible, insana e insensible

de crear una ilusión

que fuerce a acompañarle en esa soledad por indecible

tan inmensa como su maquinación.

Marcha Forzada

Te marchaste amigo

y te llevaste el resto de tus secretos contigo…

Qué bueno hubiese sido

que me llevaras asido

de tu pantalón, como cuando yo era niño,

aún te estaría preguntando

sobre los enigmas de la vida

y su misteriosa necesidad, escondida.

*Te fuiste a reunir con la que fue tu
compañera*

regresaste a ser intimidad de las estrellas.

Me fui de ti para no verte ir;

*de todos modos, no es bueno ver un amigo
partir.*

Me hubiese gustado seguir a tu lado escuchando

el sonido de los crujidores, del hornero y de los jilgueros

en tu voz de padre, amigo y protector.

Diciembre de 2014

A mi padre.

Mensaje Cifrado

Si sabes ver, si sabes escuchar, palabras van

dirigidas hacia ti, frases, voces

en tu cuarto a solas,

mensajes cifrados a distancia

como los de aquellos barcos

que emiten quejas, llantos,

advertencias de zozobra y de claudicación,
plegarias

de naufragios que no conocen rezos

a ninguna otra cosa

que no atienda el amor.

Marzo de 2014

Mi Forma de Mirar las Cosas

Había una sonrisa en su mirada

y me miró a los ojos, mientras la miraba.

Miré por algún tiempo aquellos bellos ojos

y mis deseos no bajaron la mirada.

Ella miró por su interés, quiso finalizar

y yo finalicé en mi forma de mirar las cosas.

Octubre de 2014

Monstruos

Ojalá se te cayeran los ojos

como peras pútridas un día

y tu piel al tacto se desmoronara

como la carne babosa de un cadáver

y tu mirada se extraviara desde donde viene

para llegar como un presagio sombrío.

Ojalá tu nombre, convertido en voces

clamara como las del Dante

desde un aborrecible infierno

y mi amor se transformara en muertos

sonámbulos y vagabundos, ¡zombis!

buscando masticar tu carne a grandes

tarascadas.

Yo descansaría en un remanso de este río
turbio

que no hace más que llevarme a tus
recuerdos.

¡Ojalá te odiara con encono y encomienda

de monstruo a monstruo, de dolor a amor!

y pudiera aborrecerte con agrado y
recompensa

para poder hundir tu nombre y tu recuerdo

en esa charca maloliente de la indiferencia;

o en esa ciénaga demente de los sentimientos

donde se ha estancado mi existencia:

donde se ha hecho fuerte mi demencia,

sin poder sacar apenas la nariz para aspirar.

Ojalá sólo te odiara con rencor y con encono

y no te amara tanto: para no sufrir tu nombre,

tu mirada, tu recuerdo y tus caricias con el llanto!

y regresar así a la condición de humano.

Noviembre de 2014

Niño Dorado

Por el camino polvoriento aquel que la vida

acusa;

tendida de espaldas como una prostituta

obscena ofreciendo su mercado:

te fuiste una vez cuando aún tus ojos

me miraban con dulzura interna.

El cauce que siguió al destierro, separó tus

juegos

de mis devaneos, tu risa angelical de mi

semblante,

tu pequeña picardía y tu encrespada

cabellera áurea

de mi existencia empujada por la correntada.

Cuando creciste asestaste tu estocada ronca

que gustoso empujé dentro de mi pecho

para vivir con el dolor a gusto:

qué afanoso recibí en el alma

el rencor oxidado de tu mano crispada:

como azote tras la culpa que conlleva la
insensata

impetuosidad, la batalla y hundimiento

de una nave que desconocía de fronteras,

¡con qué dolorosa carcajada me burlé de mí!;

de un héroe de cartulina que rugía;

de un débil matorral al servicio de un ente
solar:

¡que nunca, jamás se alcanza!

Te llevo en el pecho, en los ojos, en las manos,

llenas de caricias anidadas en tus rulos
infantiles:

en el tímpano, latente, en el corazón y hasta
en el alma.

estás ahí, pendiente de pago, frío de dulzura;

rugiente de ira, desprovisto de perdones, de

cauces de ríos y de correntadas
arremolinadas.

Te llevo en el alma pendiendo como girasoles

insensibles a la claridad. Vas en otro tren
mirando

hacia otra nada; y la mía va, no obstante

rastrera como hiedra reptando tras tu
sombra…

Marzo de 2014

Pan Décimo

Pasé mirando al amor, que me miraba

desde un costado del camino polvoriento

apenas nos miramos, hubo un roce, sí, pero
al descuido

y luego su camino se hizo polvo, se hizo nube,
se hizo cielo

mientras que yo me le quedé mirando sin
asombro,

con la amargura en la garganta y las palabras
en la boca,

con el corazón en llamas y las nostalgias en la
noche.

Pude haberlo retenido, sí, lo habría
conservado.

Pude ver crecer el cielo en mi interior y hasta mi mente

hubiera sucumbido ante la idea de que era para mí.

Pero supe que el camino me esperaba a solas

para hablarme de mis dudas, para sorber mi vida

y contemplar mis pruebas de que existo y de que estoy sufriendo.

Así que enmudeciendo, (sólo las palabras de rigor y entre los dientes)

fui avanzando por la grava con mis pasos mansos

y danzando por la grave sombra con mis manos presas.

Una plegaria como un llanto, fue de claro en claro,

de rincón en rincón, de mano en mano

y recibió la nueva aurora como el feligrés, pan ácimo.

Bicho atrapado en el ámbar

Te recuerdo…

Al desayunar por las mañanas,

otras veces

cuando vago por las calles

Te recuerdo…

Tu recuerdo en mí

no es algo orgánico o mental

es una vida misma en sí,

una ilusión hecha fantasma,

una agonía vital

Te recuerdo…

Y tu recuerdo me fustiga y me

destroza el corazón,

cualquier prospecto de felicidad

e incluso la razón.

Te recuerdo,

y tu recuerdo tiene

tu voz y tu manera de reír;

tu graciosa forma de andar;

tus palabras, tus pequeñas manos,

toda tu piel y tu mirar…

y ese apetito carnal que con pasión

te ponía a jadear como una bestia.

¡Te recuerdo tanto, pero tanto!

que el dolor con compasión

viene a quitarme a la mañana

la soledad, que por las noches hostiga,

y en cacería feroz me despedaza y va

Día a día va matando mi razón,

arrasa mi garganta, lagrimales y latidos.

Tu recuerdo día a día va apagando mis

Deseos de vivir y mis sentidos

tu recuerdo tiene alma en sí mismo

porque lleva mis momentos más felices

junto a una mujer, te tiene

atrapada allí y a mí, dormidos

en alguna vida ajena

En alguna historia que no deja de seguir

y sin embargo nunca avanza, siempre estás

atrapada en mis recuerdos, como un bicho

exhibido en una gota de ámbar, voy

mostrando mi amargura, todo lleno

de recuerdos transparentes tuyos,

a mi alrededor, y sí: soy

como un bicho que atrapado en ese ámbar

de tus ojos, va exhibido…

Va inhibido…

Son recuerdos tuyos, amor mío,

eso son, tuyos:

sólo tuyos.

Perderse en el olvido

Amigos míos, esta noche voy a
emborracharme

a la salud del mundo

que seguirá girando cuando yo me baje.

No hay más encanto en estas playas tristes,

ya no me quedaré,

debo abordar un sueño, me espera largo viaje.

Con lo que traje puesto, me voy, pero lo dejo

en el inicio del vuelo.

La vida es una burla, el traje es sólo un traje.

Perdido en el olvido, adaptaré mis sienes

y allí me quedaré,

con mi quietud ansiada, con mi dolor dormido.

Quise a un ángel mezquino en este suelo insano,

el ángel se marchó,

yo me marcho a mi sueño, yo me marcho al olvido.

Perífrasis

Camino rumiando lo que voy sintiendo

pues vivo pensando que estoy consumiendo

todos los caminos que empecé gateando.

Si sufrir viviendo; ese es mi destino,

revivo olvidando, muero recordando

por eso es mejor, sonreír quemando

por dentro el dolor que va generando

el deber absurdo de seguir viviendo.

Marzo de 2014

A Lili.

Renco un poco

¿Sabes? Si alguna vez, me ves celoso

no creas que estoy celoso.

Es que se me ha quebrado un pie,

perdí el zapato, o me tronché.

Si alguna vez, ves que renqueo,

no creas que estoy cayendo.

Es que apenas tropecé

sufrí un vuelco; un traspié…

Lo importante es que te sigo

y puedes creer que digo

lo dicho con la verdad,

porque —dicho en libertad—,

disculpa si renqueo un poco

pero es que me tienes loco.

Del Territorio Aquel Lejano

Vengo del territorio aquel lejano

en que el cóndor ronda los inmensos

paisajes de la más adusta soledad

y las rocas gritan su silencio pétreo

cuando al mediodía el sol hiere invencible

cañadas y oquedades olvidadas,

parajes solitarios e ignorados.

Mi mente se remonta con el viento

por macizos rocosos, por desfiladeros

testigos de una edad sin horizontes

en la que el tiempo del silencio inextinguible

se mide por millares de millares.

Mi casta linda con los nacimientos

de cadenas montañosas, continentes

y hasta océanos abiertos como heridas.

Mis hijos tienen nombres pétreos

y sus voluntades son inmarcesibles,

porque desconocen la canción del viento

cuando cruza entre los campos de batalla,

porque su pasado está clavado allí

donde el corazón del tiempo calla

cuando arriba ya su raza, blanca de maldad.

Aunque emparentado estoy al lobo

al puma sigiloso; al ave majestuosa

que reina sobre picos nebulosos;

al jaguar que acecha y a los guacamayos,

tengo el alma ligera y agradable

como el vuelo suave y desenvuelto

de los colibr□es y me muevo si esfuerzo

por los campos lisonjeros de las pampas

como brisa sediciosa y mansa:

que alborota y calma las espigas y los pastos.

Atrapaángel

Escuchar con atención las voces,

conocer esa misiva de mutismos,

saber interpretar signos y runas

que vas dejando en el andar silente

y ese sutil recado de tus roces

como al descuido y sin mediar palabras.

Leer ese mensaje escrito sin papel

y la entrelínea de los actos de tu piel

que me incitan, que me invitan…

que bajo tu ropa más íntima palpitan…

¿Qué me queda por saber de tu llaneza

si todo me lo dices con esa simpleza

que he visto en ti desde el inicio?

Eché mi red bajo la superficie,

dejé que sola entraras a mi abismo

sin invitaciones, sin palabra alguna

sin inconvenientes; sin otro servicio;

dejé mi alma al descubierto, con molicie

para que allí atrapada te quedaras.

Ahora sólo me restaba

armar ese envoltorio que dejara

tu voluntad de mi intención esclava

y todo tu control bajo mi mar anclara

ya que en mi dominio tu atenci□n estaba.

Pero todo tiene un coste y al presente

lo he pagado ya con complacencia

porque al mismo tiempo que he liado

una red que te contenga, me he enredado

yo también en ella en la sentencia

que por gozosa, nada tiene de macabra.

Abril de 2018

A L.

La materia de tu desnudez

Supiera yo de qué materia está compuesta

La exquisita contención de tu belleza

impresa en el tejido de tu piel expuesta

con tanta suavidad en su extensión,

deseable de los pies a la cabeza.

Si me parece recorrer, fluido;

como el mar a la anhelada playa

en su sinuosa dimensión

Cuando acaricio tu tendida desnudez..

El líquido vital que mi deseo explaya

leva tu nombre a tu cuerpo requerido

y canta como el mar esa canci□n

que repite, con m□s fuerza cada vez.

De qué materia est□ creada

toda tu belleza encantadora

si mi apetito arrecia y se destroza,

constantemente, como ola arrolladora

para volver a generarse, en la gozosa

sima de mis ansias m□s doradas.

A L. *Febrero de 2018*

Exhortación a la Danza

Ven a mi casa amor, aliada, amiga

ven a mi cama, a hacer lo que nos gusta

y vamos a dejar que el mundo siga

con su batalla desigual e injusta.

vamos a echar otra carnal partida,

como la que echamos juntos la otra vez

lamiendo nuestro amor en la guarida

cual bestias salvajes en su desnudez.

Vamos a descargar nuestros deseos:

tú como una bandolera perseguida

yo acaso como bestia forajida

ambos, en fin como alevosos reos

Porque mereces una recompensa

por vivir amarrada a un yugo ajeno

y merezco un vino que no sea veneno

ese que deleita, embriaga; y me compensa.

Vamos a beber de ese licor divino:

tú del mío, yo del tuyo y nos mezclemos;

nuestras vidas, embriagadas con el vino

danzarán con la pasión que generemos.

Vamos a mezclar la piel y el alma

amándonos en carne viva a fuego

lento y una y otra vez al juego

volveremos con ausente calma.

Ven a mi cama, démonos un beso

Carnal en carne y alma, hasta el punto

De que agotados en exceso

Pero felices, nos riamos juntos.

Tu con tu juventud vital, deseada

Yo con mi vida, sola y desgastada,

Hagamos una hoguera juntos, lejos

Donde el mundo descuide sus complejos;

Ven a mi cama, a mi alma y a mi piel

que nos rocemos y nos retorzamos

como lúbricas serpientes cascabel

olvidemos el mundo mientras nos amamos.

Enero de 2018

A L.

Medio ebrio o medio loco

Hacías falta tú y no otro

Ser, que me trajera,

Cerca del recogimiento, la quietud

la estoicismo metálico y la estipticidad;

Hacías falta tú quien me trajera

la brisa fresca y la estampida de la carne,

la belleza de la vida y el olvido

de ese viejo batallar en la escollera

del oleaje insano y la actitud

inconmovible del destino de roquedas.

Hacías falta tú, tan plena,

Cuajada de rocío y matutina,

emergida del dolor y de tu pena,

abierta en pétalos, perfumada de belleza

vegetal y ardiente, nueva y descifrada;

pero con las alas anhelosas de esas

sámaras de la felicidad que buscan tierra,

lobo y pantera, el arrobo y la firmeza;

Hacías falta tú y no otro

ser, la que me desnudara en ti

la me revolcara en la salmuera

del sudor, triunfal y tímida

 para erigirme en pétrea fortaleza

y con una ensoñación rampante

para devolverme la entereza

y las ilusiones y las ínfulas de púber

medio ebrio o medio loco,

Y corcoveando como un potro.

Abril de 2018

A L.

Para Amar y Amarte

Si tuviera que decir tres cosas

que describir pudieran tu belleza,

yo no podría hacerlo: tan preciosa

es, según lo veo su naturaleza.

Que para poder dotar tu ser

de epítetos leales y acertados,

debería hermosa, poseer,

un idioma completo preparado.

Si pudiera describir, con tal certeza

el Leitmotiv y la elegancia

de tu figura y su vital prestancia

y esos ojos, peligrosos de tigresa,

sólo podría balbucir con timidez

apenas unas letras, una frase

algo sucinto, estrecho que emulase

escuetamente de tu porte su esbeltez.

Si pudiera describir, someramente

lo que el espíritu revela al contemplarte

llegarías a entender, probablemente

que estás hecha para amar y amarte.

Enero de 2018

A L.

Pronto

Unirnos tan íntimamente, era imposible,

inventamos una excusa y pronto estuvo en casa

esa vez, sería la primera entre mis brazos.

Nos vimos compelidos por fuerza irreprimible;

cómplices de delito, ella anuló al consorte

y yo, a mi moral debí acallar amordazada

así vimos cumplida nuestra excusa inasible,

brindamos con champaña y muy pronto nos besamos,

sus labios como dulces de mi golosa boca

y mi deseo, soldado férreo e invencible

batallaron sin tregua aquella tarde loca;

todo se unió ese día en que sería mía:

cuento escrito en libros de letra inteligible.

Pronto nos desnudamos, mientras pensaba, absorto

de algún favor el cielo debió verse obligado

y en un giro azaroso, genial e incomprensible

debió pedirme, y ahora me lo regresaba.

Pasamos de la sala, en un segundo al cuarto

movidos por intensas fuerzas invisibles,

echados en la cama, ella era una brisa fresca,

su piel: sabor y seda escurriendo entre mis manos,

su sexo a mi merced, dulce y asequible,

su desnudez ansiada se me ocurría un verso

que deletreaban ávidos mis dedos aviesos.

Cuánto tiempo estuvimos, eso es algo
indecible

y resultaba poco todo el amor del mundo

para volcarlo entero en aquel ser delicioso

que prodigaba besos, dulce e incontenible.

Cuando paró el tornado la cama estaba
húmeda,

mi corazón el calma, ella estaba agotada;

yo conocía a fondo sus muslos inasibles,

y era toda una experta de mis estocadas.

Ella dejaba todo en aquel cuarto esa tarde

yo ganaba un tesoro, y eso es algo visible:

en la revuelta cama, quedaron al marcharse

pérdidas y ganancias en esta historia irreal:

un pendiente de perla y algunos imperdibles.

Enero de 2018

A L.

Otra vida

El verano aquel cruzaba por sobre

nuestras ebrias cabezas, desmedidas

de murmullos, corrientes de agua hablante

sonora y cantarina; y sus días

deambulaban jugueteando como esos

niños detrás de ligeras mariposas.

Una banda tocaba allí en el parque

reuniendo gentíos de impar tono

abigarrados todos y entrañables

a la vez, era el verano fulgente

de la sonrisa y también la llaneza

echada al corazón, dulce y cálida

como al descuido y sin algún motivo:

como un Charlotte de chocolate dulce

sobre una compungida fruta amarga,

latente y desollada, tanto tiempo.

Era el verano del ritual y oculto

encuentro entre el amor y la esperanza.

Mayo de 2018

La Piel en los Besos

Irrumpiste en mi quietud de vuelo

como una tempestad que arrecia

en los confines del desvelo.

Tímida y sufrida,

riesgosa y decidida,

inundando mi silencio de tu urgencia

para poblar mis sienes de latidos

que refrendaban tu tenacidad de esperas.

Intenté sin frutos, alejar el vórtice

que tus ojos me ofrecían con tanta
insistencia,

pero pudo más el desenfreno

desatado con tu amor en mí de lleno.

Ahora yo seré el que pida a gritos

que tu mirada se revele entre mis ritos,

ansiada con pesar y desenfreno

amada hasta dejar completamente

el corazón en carne viva

y la piel en los besos.

Una mujer en un poema

Entre sombras de dubitativas

y gélidas, asmáticas preguntas

—y su felicidad, atada a mí—

en haces de razones sensitivas,

surge aquí, como vital acuerdo

en la penumbra de mi habitación

un pensamiento como un anatema.

Quiero decir que inútil es aquí

una vital y existencial dilatación

de la intención presunta

de prolongar la relación.

No hay una acción más vomitiva

que la de atar a una mujer

en asfixiado y desgarrado intento

por retenerla con esa intención.

Hay que decir con parca flema

que aquella sólo puede merecer

estar encapsulada en un poema.

Por lo demás, es preferible

dejar que emprenda el vuelo,

guardar correspondiente duelo

y emprender otro poema.

Diciembre de 2018

Réquiem para un antaño

No voy a negar que mis entrañas,
corrompidas cavernas renegridas de rencor

abrigan a un volcán aún no extinto que logro
sofocar ya sin sentido por las noches:

— ¡el dolor tiene un licor amargo que
atormenta; quema y come como un
cuervo!—.

Mi corazón, como sentina alberga una
canción que nunca canto y por su culpa

se va secando mi garganta amargamente.

Todavía oculto poemas que me he prohibido
apenas mencionar,

pero que escribo noche a noche como el
recluso aquel encadenado

que no logró salir y que gritaba "¡Libertad!"

Aquel regalo que compré pensando en ti

duerme su sueño amordazado en un cajón.

las últimas aves que surcaron ese cielo tan

azul como no hubo otro jamás

van arribando mansamente a estas playas

donde el invierno las recibe y mata

dulcemente,

congelándolas cruelmente; y ya sin vuelta

atrás.

Todo el rencor guardado. En un pequeño

frasco

permanece suspendido en su formol.

Ya no tiene vida, y sin embargo ahí está…
Pero no todo está tan mal;

te agradezco haber nacido. Nadie como tú
supo robarme la sonrisa.

Yo te agradezco haber nacido…

Todos los favores recibidos, morirán en un
desván

atados con las cintas de la indiferencia;

no puedo ni escuchar sus voces por las
noches,

llorando tras almohada, muchas veces y
durante el día

voy tan lejos… ¡a otro mundo que aborrezco!
Donde no te encuentras…,

donde el dolor me arrulla a gritos susurrados

al oído suavemente

y la soledad me abraza… y no escucho ya tu

nombre...

Agosto de 2014

Todo Tiempo Pasado Fue Feliz

Otra vez soñé contigo.

Era el verano aquél de las caricias,

de los besos y la risa.

El tiempo se ha dormido bajo el puente:

en el rápido torrente recio

que se lleva todo a fuerza

de llanto y llagas y lluvia.

Y la región del cielo donde amaba;

esa que te mencionaba

ya sólo un recuerdo tirado en un rincón

conserva de nosotros, como una vieja prenda

echada por descuido en un montón.

Éramos felices… todavía desconozco

el propósito del cambio aquel

que dejó mi vida a rastras, no recuerdo

haber mudado tanto, pero en cambio

sí mis ojos, y mi piel y mi semblante

fueron transformados en la rigurosa roca

de un tótem apenas, tumbado sobre el tiempo.

Todo tiempo ajeno fue feliz…

La playa sonreía y regalaba música

que ambos recibíamos con gracia,

Málaga era el hall y la pradera

en la que moraban nuestros sueños

como dioses o caballos desbocados.

Hoy es un pasaje oscuro, derruido

de mi vida donde va mi espíritu en los sueños

a correr sin brida por las vastas noches

de minutos, consumadas en la cama,

roncos mundos de columnas dóricas

acogen alimañas e ilusiones como musgo,

muda muerte y moho y ese lúgubre orín

de las cosas perdidas. Todo tiempo feliz

acaso fue pasado y tu pasado llama,

como el mío muere de la iniquidad

de haber sufrido la ceguera del olvido.

Nada es perfecto

Quería amar, amar sin límites,

quería amarla con pasión armada,

quería ser su hombre, su fragor,

su compañía, su fiel defensor,

quería ser el viento osado

sobre su piel desnuda, sus luces

en su cielo amargo,

su héroe , su servidor …

Ella quería ser mi compañera,

mi bendición, mi flor absorta

en ese claro de los bosques,

la ilusión de mi llegada a casa,

mi dedicada diosa aposentada

entre murallas de palacio

edificando a nuestro hijo,

esa sacerdotisa dedicada

a derramar su historia en el altar

de la alegría de un hogar.

Nada es perfecto, ni lo nuestro

llegaría a ningún lugar.

Diciembre de 2018

En el Lecho del río

Donde nadamos juntos, en el lecho del río

las aguas han bajado ya suficientemente

para morir de asfixia, para morir de hastío.

Yo muero si se ha muerto nuestro deseoso
río…

Las hojas arrancadas, corruptas que han
caído

son almas de otros tantos desencantados
hombres

que del amor echados, mueren de angustia y
frío

infectos de pena, con rostro y corazón
sombrío.

El cielo de la noche, tiene una nueva luna

de plata con angina y de prospección insana

y de una telaraña, cuelga sobre la duna

donde se tiende sucia y duerme su luz
malsana.

Yo tiemblo en una charca, sin forma y sin
volumen,

remedo aquellos sapos fundidos bajo el agua

y canto ya sin fuerzas, sin ánimo y sin numen

a una luna sin vida, sin ropas, sin enaguas.

Por el bosque han llegado, seseando con sus
colas

lagartijas oscuras, alimañas voraces,

que comieron mis ojos y mis venas, tenaces

y a los oídos de ella susurraron, mendaces.

La noche está de luto de sus luces vivaces

"ha perdido la risa, ha perdido el color"…

y yo en el fondo yazgo, del lodo maloliente

muerto de amor, de olvido, soledad y de
dolor.

Una armónica vaga juega con sus quejidos

roncos y preteridos, como historias distantes

Y el viento ya no juega, se va llorando lejos

Y con infame saña, devuelve mis latidos…

Yo que no quiero viento, armónicas ni
sonidos

quiero caerme muerto como un retrato yerto

de la luz olvidado y en la noche perdido,

bebiendo de la charca su brebaje podrido,

vivo de angustia y llanto, pero de amor ya muerto.

Diciembre de 2018

Multitud

Ni bien cortamos ella y yo,

acudieron en mi auxilio prestamente

la tristeza, hablando con su voz

quejosa de viejos días, de ella, de lo bella que

es

el dolor, colmándome de sus presentes,

todos agrios, asfixiantes, lacerantes,

la autocompasión, poniendo un manto

abrigado que envolviese con su llanto

mi ego y la soledad, acompañándome

con su diatriba de conversaciones huecas…

Yo sólo la quería a ella, había demasiados

participantes entre su regreso y mi desolaci□n.

Porqués para mi hija

Que he tocado el cielo con el alma

y su alma con las manos,

que en mi deseo ardiente como brasas

consumí sus aguas más crispadas

y le entregué mi corazón marchito

para que ella así lo renovara.

Que renací al calor de sus abrazos

y con sus besos di alimento a mi pasión,

que recogí su sombra tras su paso

para besarla, porque yo la amaba

y sembrado hubiera, de olorosas flores

su andar delgado y manso de gacela.

Porque ella me enseñó a quererla

y aprendí con gusto mi pericia.

Que recorrí cada milímetro de su figura

absorto, espía, enamorado y fiel masón

para cuajar en su interior la bella flor

que da la vida a un nuevo corazón.

Porque creciste dentro de su vientre

pero en mi mente estabas refulgente,

porque eres fruto de un capricho suyo

y de su amor huidizo o su frivolidad;

de algún verano de sabor a fresco,

y de un viejo pirata, enamorado.

Diciembre de 2018

Juntos

> *Antes que tú me moriré escondido*
> *En las entrañas ya*
> *El hierro llevo conque abrió tu mano*
> *La ancha herida mortal*
> *(Gustavo Adolfo Bécquer)*

Hundido en la distancia, yo veré tus ojos

como se mira el cielo diurno

desde las penumbras de cavernas.

Confundido en cielo

llevaré tus besos

por estelas encendidas de galaxias

y remontaré tu nombre escrito

en mis entrañas, a falta de tus labios.

Mis entrañas, ya por siempre

habrán de ser de cielo:

oscuras, transparentes,

misteriosas y profundas

como el universo.

Y ese fruto que abrigaste
entre los muros de tu vientre
y negaste a mi serenidad adulta,
en una playa acaso y observando el cielo,
algún día
nos unirá en sus rezos silenciosos
diciendo nuestros nombres juntos.

Ene. de 2019

Índice